BEI GRIN MACHT SICH IHR
WISSEN BEZAHLT

Bibliografische Information der Deutschen Nationalbibliothek:

Die Deutsche Bibliothek verzeichnet diese Publikation in der Deutschen National-
bibliografie; detaillierte bibliografische Daten sind im Internet über http://dnb.d-
nb.de/ abrufbar.

Impressum:

Copyright © 2017 GRIN Verlag, Open Publishing GmbH
Druck und Bindung: Books on Demand GmbH, Norderstedt Germany
ISBN: 9783668511743

Dieses Buch bei GRIN:

http://www.grin.com/de/e-book/373702/nachtraeglicher-investitionsabzugsbetrag-
zum-ausgleich-von-gewinnerhoehungen

Mesut Ortac

Nachträglicher Investitionsabzugsbetrag zum Ausgleich von Gewinnerhöhungen nach § 7g EStG. Analyse, Auswirkungen und Fallgestaltung der Urteile

GRIN Verlag

GRIN - Your knowledge has value

Der GRIN Verlag publiziert seit 1998 wissenschaftliche Arbeiten von Studenten, Hochschullehrern und anderen Akademikern als eBook und gedrucktes Buch. Die Verlagswebsite www.grin.com ist die ideale Plattform zur Veröffentlichung von Hausarbeiten, Abschlussarbeiten, wissenschaftlichen Aufsätzen, Dissertationen und Fachbüchern.

Besuchen Sie uns im Internet:

http://www.grin.com/

http://www.facebook.com/grincom

http://www.twitter.com/grin_com

Nachträglicher Investitionsabzugsbetrag zum Ausgleich von Gewinnerhöhungen nach § 7g EStG. Analyse, Auswirkungen und Fallgestaltung der Urteile.

Projektarbeit II

Studienjahrgang 2015

Kurs C

Themensteller:

Fakultät für Wirtschaft
Studiengang Steuern und Prüfungswesen

DUALE HOCHSCHULE BADEN-WÜRTTEMBERG
VILLINGEN-SCHWENNINGEN

Bearbeiter: Mesut Ortac

Inhaltsverzeichnis

Abbildungsverzeichnis

Tabellenverzeichnis

Abkürzungsverzeichnis

Abs.	Absatz
a.F.	alte Fassung
AfA	Absetzung für Abnutzung
AmtshilfeRLUmsG	Amtshilferichtlinie-Umsetzungsgesetz
AO	Abgabenordnung
BB	Betriebs-Berater (Zeitschrift)
BBK	Buchführung-Bilanz-Kostenrechnung (Zeitschrift)
ber.	berichtigt
BewG	Bewertungsgesetz
BFH	Bundesfinanzhof
BGB	Bürgerliches Gesetzbuch
BGBl.	Bundesgesetzblatt
BMF	Bundesministerium für Finanzen
BP	Betriebsprüfung
BR-Drucksache	Bundesrats-Drucksache
BStBl.	Bundessteuerblatt
BT-Drucksache	Bundestags-Drucksache
bzw.	beziehungsweise
DB	Der Betrieb (Zeitschrift)
DHBW	Duale Hochschule Baden-Württemberg
E-Bilanz	Elektronische Bilanz
ESt	Einkommensteuer
EStDV	Einkommensteuerdurchführungsverordnung
EStG	Einkommensteuergesetz
FG	Finanzgericht
GbR	Gesellschaft bürgerlichen Rechts
GWG	Geringwertiges Wirtschaftsgut
Hrsg.	Herausgeber
IA	Investitionsabzugsbetrag
i.V.m.	in Verbindung mit
LKW	Lastkraftwagen
Nr.	Nummer

NWB	Neue Wirtschafts-Briefe (Zeitschrift)
Rn.	Randnummer
Rz.	Randziffer
S.	Seite
sog.	sogenannten
StÄndG	Steueränderungsgesetz
u.a.	und andere
UntStRefG	Unternehmensteuerreformgesetz
Vgl.	Vergleiche
z.B.	zum Beispiel

1 Einleitung

Das deutsche Einkommensteuerrecht unterliegt einem ständigen Wandel. Der § 7g EStG ist hierfür ein Paradebeispiel. Eine Regelung, die in den letzten Jahren einschneidende Veränderungen erfahren hat. Die zahlreichen Urteile in den vergangenen Monaten und Jahren zeigen die Komplexität des § 7g EStG auf. Investitionsabzugsbeträge und Sonderabschreibungen nach § 7g EStG stellen neben der Bildung einer Rücklage gemäß § 6b EStG eine der wenigen Förderungen für kleine und mittlere Unternehmen im deutschen Steuerrecht dar. Die Förderung wird durch die Minderung des Betriebsgewinns erreicht. Begünstigte dürfen für künftige Anschaffungs- oder Herstellungskosten eines Wirtschaftsguts einen Investitionsabzugsbetrag von bis zu 40% bilden und dadurch ihren Betriebsgewinn mindern. Für Steuerpflichtige führt das zu einer geringeren Steuerbelastung.[1] Die Förderung durch Investitionsabzugsbeträge und Sonderabschreibungen war bis zum 31.12.2015 deutlich erschwert.[2] Das StÄndG 2015 hat die Vorschrift zum Investitionsabzugsbetrag vereinfacht.[3] Die Investitionen sind seitdem flexibler steuerbegünstigt.[4]

Der Anlass dieser Projektarbeit ist das BFH-Urteil vom 23.03.2016 und vom 28.04.2016, wonach ein nachträglicher Investitionsabzug zum Ausgleich von Gewinnerhöhungen zulässig ist.[5] Diese Möglichkeit hat sich vor den veröffentlichten Urteilen nicht ergeben. Solche Gewinnerhöhungen können durch Betriebsprüfungen entstehen. Die Relevanz der Urteile ist aufgrund der möglichen Steuerersparnis in der Praxis enorm. Welche Auswirkungen ergeben sich durch die Maßnahmen zum Ausgleich von Mehrergebnissen aus Betriebsprüfungen? In was für einem Zusammenhang steht hier das StÄndG 2015? Sind durch die Urteile nun Anreize für eine missbräuchliche Inanspruchnahme gegeben? Kann das BMF durch überarbeitete Verwaltungsanweisungen für eine Rechtssicherheit sorgen?

Zur Beantwortung dieser Fragen werden zunächst die Rechtsentwicklung, die Zielsetzung und die Voraussetzungen für die Inanspruchnahme des Investitionsabzugsbetrags dargestellt. Anschließend wird das Verfahren sowie die Vorgehensweise des § 7g EStG erläutert. Dadurch werden Grundlagen geschaffen, um dem

---

[1] Vgl. Krudewig (2014), S. 7.
[2] Vgl. Kulosa (2016), § 7g EStG, Rz. 1.
[3] Vgl. BT-Drucksache 18/4902, S. 1-8; Reddig (2015), S. 3581.
[4] Vgl. Kulosa (2016), § 7g EStG, Rz. 1; Steueränderungsgesetz 2015 vom 02.11.2015, BGBl. 2015 I, S. 1834; BT-Drucksache 18/6094, S. 10-14; BR-Drucksache 418/15 (Beschluss), S. 3-5.
[5] Vgl. BFH-Urteil vom 23.03.2016, IV R 9/14, BStBl. II 2017, S. 295; BFH-Urteil vom 28.04.2016, I R 31/15, BStBl. II 2017, S. 306.

Leser einen besseren Einstieg in die Urteile zu ermöglichen. Die alte Fassung des § 7g EStG wird nur am Rande angesprochen. Auf Personengesellschaften wird in dieser Projektarbeit nicht eingegangen. Das Ziel dieser Projektarbeit ist es, die BFH-Urteile zu analysieren und die Auswirkungen zu schildern. Hierzu werden diverse Meinungen von Fachautoren zu den Urteilen eingeholt und gegenübergestellt. Die Auswirkungen der Urteile können durch die vorhergehende Analyse der Urteile am effektivsten aufgezeigt werden. Die Fallgestaltung zum Ausgleich von Gewinnerhöhungen soll die Auswirkungen der Urteile mit Zahlen untermauern. Im letzten Teil werden die festgestellten Aspekte unter Berücksichtigung der Zielsetzung dieser Arbeit zusammengefasst.

2 Allgemeines zu Investitionsabzugsbeträgen

2.1 Rechtsentwicklung und Zielsetzung von Investitionsabzugsbeträgen

Im Jahr 1984 wurde § 7g in das Einkommensteuergesetz eingefügt und seitdem mehrfach geändert. Das Ziel der Regelung war es, die Investitionsbereitschaft der Wirtschaft zu fördern sowie positive Impulse für einen weiteren Aufschwung zu geben.[6] Der Vorgänger des Investitionsabzugsbetrags war die Ansparabschreibung. Der Investitionsabzugsbetrag sollte nach dem Wegfall der degressiven Abschreibung die frühere Ansparabschreibung ersetzen.[7] Erst durch das UntStRefG 2008 wurde die Ansparabschreibung mit zahlreichen Änderungen zum Investitionsabzugsbetrag umgestaltet.[8] Die Zielsetzung der Reform war die langfristige Sicherung der Besteuerungsgrundlagen.[9] In der Ansparphase ist seitdem keine bilanzielle Rücklagenbildung mehr möglich. Stattdessen ist nun ein gewinnmindernder außerbilanzieller Abzug vorzunehmen.[10] Bei nicht erfolgter Investition ist nun eine rückwirkende Änderung des Steuerbescheids nach § 175 AO vorzunehmen. Dadurch können gemäß § 233a AO Nachzahlungszinsen entstehen. In der alten Fassung des § 7g EStG war ein gewinnerhöhender Zuschlag in Höhe von 6% der Ansparabschreibung zu versteuern.[11] Das UntStRefG 2008 brachte sowohl Erleichterungen als auch Beschränkungen mit sich. Zu den Erleichterungen zählt die Anschaffung

---

[6] Vgl. Grote (2017), § 7g EStG, Rz. 11; Kratzsch (2016), § 7g EStG, Rz. 7.
[7] Vgl. Lambrecht (2015), § 7g EStG, Rn. 5.
[8] Vgl. Kulosa (2016), § 7g EStG, Rz. 1; Lambrecht (2015), § 7g EStG, Rn. 5.
[9] Vgl. BT-Drucksache 16/4841, S. 29.
[10] Vgl. Brandis (2017), § 7g EStG, Rn. 2; Hennrichs (2015), § 9 Bilanzsteuerrecht, Rz. 337.
[11] Vgl. Brandis (2017), § 7g EStG, Rn. 2; Lambrecht (2015), § 7g EStG, Rn. 7.

eines gebrauchten Wirtschaftsguts und die Erhöhung des Höchstbetrags der Inanspruchnahme von 154.000 Euro auf 200.000 Euro.[12] Lediglich Existenzgründer hatten mit der alten Regelung mehr Spielraum, da der Höchstbetrag für diese bei 307.000 Euro lag.[13] Eine Beschränkung stellt der Nachweis hinsichtlich der Prognose einer betrieblichen Nutzung des Wirtschaftsguts zu mindestens 90% dar.[14] Dies führt gegenüber der Ansparabschreibung vor allem bei der Anschaffung betrieblicher Kraftfahrzeuge zu einem Problem, die zu mehr als 10% privat genutzt werden.[15] Den Steuerpflichtigen ist es daher zu empfehlen, ein Fahrtenbuch zu führen.[16] Der Investitionsabzugsbetrag gilt nach § 52 Abs. 23 S. 1 EStG für Wirtschaftsjahre, die nach dem 17.08.2007 enden.[17]

Deutliche Vereinfachungen brachte nach § 52 Abs. 16 S. 1 EStG das StÄndG 2015 mit Wirkung für Wirtschaftsjahre, die nach dem 31.12.2015 enden. Nun muss weder eine Investitionsabsicht angeben werden noch muss das begünstigte Wirtschaftsgut bei der Erstellung der Steuererklärung eine Funktionsbezeichnung haben. Dafür ist eine elektronische Übermittlung des Investitionsabzugsbetrags nötig.[18] Der Gedanke hinter dem StÄndgG 2015 stellt der Ausbau der strengen Wirtschaftsbezogenheit dar, womit die Inanspruchnahme des Investitionsabzugsbetrags in der Praxis vereinfacht wird.[19] Daher war es ratsam, einen Investitionsabzugsbetrag nicht schon im Jahr 2015, sondern erst ab 2016 geltend zu machen.[20] Aus der Sicht der Finanzverwaltung führt die Reform zu einer geringeren Transparenz, da es für den Steuerpflichtigen nun ausreicht eine Funktion zu benennen und nicht das bewegliche Wirtschaftsgut an sich. Mit den BFH-Urteilen vom 23.03.2016 und vom 28.04.2016 wurde entschieden, dass die nachträgliche Bildung von einem Investitionsabzugsbetrag noch möglich ist, wenn dieser zur Kompensation von Steuernachzahlungen aufgrund einer Außenprüfung erfolgt.[21] In Kapitel vier wird zu diesen Urteilen näher eingegangen und der Themenschwerpunkt gesetzt.

[12] Vgl. Brandis (2017), § 7g EStG, Rn. 3; Grote (2017), § 7g EStG, Rz. 4.
[13] Vgl. Pfirrmann (2017), § 7g EStG, Rz. 2.
[14] Vgl. BMF-Schreiben vom 20.03.2017, IV C 6 – S 2139 – b/0710002-02, BStBl. I 2017, S. 423.
[15] Vgl. Grote (2017), § 7g EStG, Rz. 41; Pfirmann (2017), §7g EStG, Rz. 10.
[16] Vgl. Handzik (2016), § 7g EStG, Rz. 115; Kulosa (2016), § 7g EStG, Rz. 10.
[17] Vgl. Grote (2017), § 7g EStG, Rz. 5; Lambrecht (2015), § 7g EStG, Rz. 5.
[18] Vgl. Strahl (2015), S. 94.
[19] Vgl. BMF-Schreiben vom 20.11.2013, IV C 6 – S. 2139 – b/07/10002, BStBl. I 2013, S. 1493; Brandis (2017), § 7g EStG, Rz. 40.
[20] Vgl. Strahl (2017), S. 76; Kulosa (2016), § 7g EStG, Rz. 1.
[21] Vgl. BFH-Urteil vom 23.03.2016, IV R 9/14, BStBl. II 2017, S. 295; BFH-Urteil vom 28.04.2016, I R 31/15, BStBl. II 2017, S. 306.

Die Zielsetzung des § 7g EStG ist die Verbesserung der Wettbewerbssituation von kleinen und mittleren Betriebe. Das soll durch die Unterstützung der Liquidität und der Eigenkapitalbildung sowie durch die Stärkung der Investitions- und Innovationskraft erfolgen.[22] Die Förderung wird durch die Ansparphase und durch die Vorverlagerung von Abschreibungen erreicht.[23] Steuerpflichtige können für künftige Investitionen von abnutzbaren beweglichen Wirtschaftsgütern des Anlagevermögens steuerrechtlich bereits im Voraus einen Investitionsabzugsbetrag von bis zu 40% der voraussichtlichen Anschaffungs- und Herstellungskosten berücksichtigen.[24] Der bilanzsteuerrechtliche Grundsatz wird nicht mehr eingehalten, wonach nur die bereits am Bilanzstichtag wirtschaftlich verursachten Geschäftsvorfälle berücksichtigt werden. Durch den außerbilanziellen Ansatz bedarf es keiner Sonderregelung für den Einnahmeüberschussrechner gemäß § 4 Abs. 3 EStG mehr.[25] Durch eine geschickte Bildung eines Investitionsabzugsbetrags kann aufgrund der Steuerprogression in der Einkommensteuer ein Steuervorteil entstehen.[26] Durch den Steuerstundungseffekt wird ein Liquiditätsvorteil erzielt.[27] Die frei gewordenen Mittel können sinnvoll am Kapitalmarkt angelegt, in neue Projekte sowie Anlagegüter investiert oder zur Tilgung eines Kredits verwendet werden.[28]

2.2 Voraussetzungen für die Bildung von Investitionsabzugsbeträgen

Für die Bildung von Investitionsabzugsbeträgen sind einige Voraussetzungen zu erfüllen. Nach § 7g Abs. 1 Satz 1 EStG sind nur abnutzbare bewegliche Wirtschaftsgüter des Anlagevermögens berücksichtigungsfähig.[29] Ein Wirtschaftsgut ist dann abnutzbar, wenn durch Abnutzung ein Verbrauch oder Gebrauch feststellbar ist.[30] Bewegliche Wirtschaftsgüter schließen insbesondere Grundstücke, Gebäude und gebäudeähnliche Einrichtungen aus. Diese stellen gemäß § 90 BGB nur körperliche Gegenstände dar.[31] Immaterielle Wirtschaftsgüter, wie beispielsweise eine Soft-

---

[22] Vgl. Brandis (2017), § 7g EStG, Rn. 1; Lambrecht (2015), § 7g EStG, Rz. 1; BT-Drucksache 16/4841, S. 51; BT-Drucksache 18/4902, S. 42.
[23] Vgl. Brandis (2017), §7g EStG, Rn. 35; Pfirrmann (2017), § 7g EStG, Rz. 1; BT-Drucksache 16/4841, S. 51; BFH-Urteil vom 20.06.2012, X R 42/11, BStBl. II 2013, S. 719.
[24] Vgl. Brandis (2017), § 7g EStG, Rn 60; Grote (2017), § 7g EStG, Rz. 1.
[25] Vgl. Kulosa (2016), § 7g EStG, Rz. 3.
[26] Vgl. Lambrecht (2015), § 7g EStG, Rz. 1.
[27] Vgl. Pfirrmann (2017), § 7g EStG, Rz. 37; Grote (2017), § 7g EStG, Rz. 3.
[28] Vgl. Reddig (2016), S. 2625.
[29] Vgl. Brandis (2017), §7g EStG, Rn. 40.
[30] Vgl. Pfirrmann (2017), § 7g EStG, Rz. 9.
[31] Vgl. Pfirmann (2017), § 7g EStG, Rz. 44; Kratzsch (2016), § 7g EStG, Rz. 22.

ware, gehören grundsätzlich nicht zu den begünstigten Wirtschaftsgütern. Wirtschaftsgüter des Anlagevermögens sind alle Wirtschaftsgüter, die dazu bestimmt sind, dem Betrieb dauernd zu dienen.[32] Es ist dabei gleichgültig, ob es sich um ein gebrauchtes oder ein neues Wirtschaftsgut handelt.[33] Zudem müssen die Wirtschaftsgüter bis zum Ende des Wirtschaftsjahres der Anschaffung oder Herstellung des folgenden Wirtschaftsjahres in einer inländischen Betriebsstätte des Betriebs zu mindestens 90% betrieblich genutzt werden.[34]

Ferner müssen Betriebsgrößenmerkmale nach § 7g Abs. 1 Satz 2 Nr. 1 EStG eingehalten werden, da der Investitionsabzugsbetrag ausschließlich zur Förderung kleiner und mittlerer Unternehmen dienen soll.[35] Gemäß § 7g Abs. 1 Satz 2 Nr. 1a EStG darf bei Einkünften aus Gewerbebetrieb und selbständiger Tätigkeit, wonach eine Bilanz nach § 4 Abs. 1 EStG oder § 5 EStG zu erstellen ist, das Betriebsvermögen einen Betrag von 235.000 Euro nicht übersteigen.[36] Das Betriebsvermögen wird durch einen Betriebsvermögensvergleich ermittelt. Hierbei wird der steuerliche Gewinn eines Unternehmens durch den Unterschiedsbetrag zwischen dem Betriebsvermögen am Ende des Wirtschaftsjahres und dem Betriebsvermögen am Ende des vorangegangenen Wirtschaftsjahres, erhöht um den Wert der Entnahmen und verringert um den Wert der Einlagen ermittelt. Das Betriebsvermögen entspricht dem Eigenkapital. Das Eigenkapital wird ermittelt, indem man das Fremdkapital vom Vermögen abzieht. Gemäß § 7g Abs. 1 Satz 2 Nr. 1b EStG darf bei Land- und Forstwirtschaftsbetrieben der Wirtschaftswert nicht höher als 125.000 Euro sein.[37] Nach § 33 BewG gehören Zahlungsmittel, Geldforderungen, Wertpapiere sowie Überbestände an umlaufenden Betriebsmitteln nicht zum Wirtschaftswert.[38] Bei Betrieben, die ihren Gewinn nach § 4 Abs. 3 EStG durch die Einnahmeüberschussrechnung ermitteln, darf der Gewinn vor Abzug des Investitionsabzugsbetrags nach § 7g Abs. 1 Satz 2 Nr. 1c EStG nicht höher als 100.000 Euro sein.[39]

---

[32] Vgl. Grote (2017), § 7g EStG, Rz. 19; Pfirrmann (2017), § 7g EStG, Rz. 8-9; Kratzsch (2016), § 7g EStG, Rz. 21.

[33] Vgl. Handzik (2016), § 7g EStG, Rn. 41; BMF-Schreiben vom 20.03.2017, IV C 6 – S 2139 – b/0710002-02, BStBl. I 2017, S. 423.

[34] Vgl. Grote (2017), § 7g EStG, Rz. 41; BMF-Schreiben vom 20.03.2017, IV C 6 – S 2139 – b/0710002-02, BStBl. I 2017, S. 423.

[35] Vgl. Schoor (2016), S. 42; Lambrecht (2015), § 7g EStG, Rn. 13.

[36] Vgl. Pfirrmann (2017), § 7g EStG, Rz. 15; Handzik (2016), § 7g EStG, Rn. 15.

[37] Vgl. Pfirrmann (2017), § 7g EStG, Rz. 16; Handzik (2016), § 7g EStG, Rn. 15.

[38] Vgl. Handzik (2016), § 7g EStG, Rn. 67-70.

[39] Vgl. Grote (2017), § 7g EStG, Rz. 31; Handzik (2016), § 7g EStG, Rn. 15.

Investitionsabzugsbeträge dürfen grundsätzlich nur bei Betrieben in Anspruch genommen werden, die aktiv am wirtschaftlichen Verkehr teilnehmen und eine in diesem Sinne werbende Tätigkeit ausüben.[40] Für jeden Betrieb eines Unternehmers sind die Größenmerkmale einzeln zu prüfen. Ein Unternehmer kann den Höchstbetrag eines Investitionsabzugsbetrags für jeden Betrieb einzeln ausschöpfen, da der § 7g EStG nach seinem eindeutigen Wortlaut betriebsbezogen zu verstehen ist.[41] Diese Regelung provoziert laut Brandis die Empfehlung zur Gründung mehrerer Betriebe.[42] Anzumerken ist, dass die Gründung eines Betriebs in der Regel nicht vom Investitionsabzugsbetrag beeinflusst wird. Die These von Brandis ist in der Praxis selten zu beobachten.

Nach § 7g Abs. 1 Satz 1 Nr. 2 EStG sind die Summen der Abzugsbeträge, sowie die hinzugerechneten und rückgängig gemachten Beträge, nach amtlich vorgeschriebenen Datensätzen durch eine Datenfernübertragung an das Finanzamt zu übermitteln.[43] Die Zielsetzung besteht in der tatsächlichen Überprüfung der in Anspruch genommenen Investitionsabzugsbeträge durch die Finanzverwaltung.[44] Eine Übermittlung per E-Bilanz ist zu empfehlen, obwohl keine gesetzliche Angabe hinsichtlich des Übertragungsweges und dem Zeitpunkt vorhanden ist.[45] Auf eine elektronische Übermittlung kann seitens des Finanzamts verzichtet werden, falls entsprechende Angaben aus der Steuererklärung durch die manuelle Übermittlung erkenntlich sind.[46] Bilanzierende Steuerpflichtige sind nach § 5b EStG ohnehin verpflichtet, die Bilanz sowie die Gewinn- und Verlustrechnung elektronisch an das Finanzamt zu übermitteln.[47] Die elektronische Übermittlung gilt auch für die Einnahmenüberschussrechnung gemäß § 60 Abs. 1 Satz 1 EStDV. Den Steuerpflichtigen ist es deshalb zu empfehlen, die entsprechenden Angaben mit zu übermitteln.[48]

---

[40] Vgl. Grote (2017), § 7g EStG, Rz. 23; Handzik (2016), § 7g EStG, Rn. 51; BMF-Schreiben vom 20.03.2017, IV C 6 – S 2139-b/0710002-02, BStBl. I 2017, S. 423.
[41] Vgl. Pfirrmann (2017), § 7g EStG, Rz. 27; Handzik (2016), § 7g EStG, Rn. 50; Kratzsch (2016), § 7g EStG, Rz. 55.
[42] Vgl. Brandis (2017), § 7g EStG, Rn. 58.
[43] Vgl. Schoor (2016), S. 42; BMF-Schreiben vom 20.03.2017, IV C 6 – S 2139-b/0710002-02, BStBl. I 2017, S. 423.
[44] Vgl. Reddig (2015), S. 3575.
[45] Vgl. Strahl (2017), S. 76; Riepolt (2016), S. 65.
[46] Vgl. Happe (2016), S. 332; Grützner (2015), S. 905.
[47] Vgl. Rosarius (2016), § 7g EStG, Rz. 59.
[48] Vgl. BMF-Schreiben vom 16.11.2011, IV A 7 – O 2200/09/10009, BStBl. I 2011, S. 1063.

3 Verfahren bei Investitionsabzugsbeträgen

3.1 Bildung eines Investitionsabzugsbetrags

Der Steuerpflichtige darf gemäß § 7g Abs. 1 Satz 1 EStG für künftige Anschaffungs-
oder Herstellungskosten eines Wirtschaftsguts einen Investitionsabzugsbetrag von
bis zu 40% der voraussichtlichen Anschaffungs- oder Herstellungskosten geltend
machen.[49] Die bereits genannten Voraussetzungen müssen erfüllt sein. Der Höchstbetrag des Abzugsbetrags ist nach § 7g Abs. 1 Satz 4 EStG auf einen Betrag von
200.000 Euro beschränkt. Geltend gemachte Investitionsabzugsbeträge der drei
vorhergehenden Wirtschaftsjahre sind im Höchstbetrag von 200.000 Euro ebenfalls
zu berücksichtigen.[50] Hierdurch ist es einem Betrieb innerhalb von drei Jahren ge-
stattet, ein Wirtschaftsgut mit den Anschaffungs- oder Herstellungskosten von bis
zu 500.000 Euro geltend zu machen. Folglich wäre eine außerbilanzielle Gewinnminderung von 200.000 Euro möglich. Gemäß § 7g Abs. 1 Satz 3 EStG besteht die
Möglichkeit, dass sich durch die Inanspruchnahme des Investitionsabzugsbetrags
ein Verlust ergibt oder der bestehende Verlust erhöht wird.[51] Durch Verlustvorträge
und Verlustrückträge und der damit verbundenen Steuerprogression lassen sich erhebliche Steuereinsparungen erzielen.[52] Laut Lambrecht sollen zeitweilig entstan-
dene Verluste die Mittelstandsförderung nicht behindern.[53]

Nach der Auffassung von Brandis ermöglicht das Wahlrecht bei der Bildung eines
Investitionsabzugsbetrags zwischen einem Euro und der Höchstgrenze einen steu-
ertaktischen Spielraum.[54] Diesen Spielraum sollte der Begünstigte ausnutzen.
Dadurch entsteht in Abhängigkeit von der Höhe des Steuersatzes eine Ersparnis in
der Ertragsteuer. Die Geltendmachung des Investitionsabzugsbetrags wirkt in dem
Zeitraum zwischen Abzug und Hinzurechnung wie eine Steuerstundung, weil das
Abschreibungsvolumen vorgezogen wird.[55] Die Gewinnminderung erfolgt außerhalb

---

[49] Vgl. Brandis (2017), § 7g EStG, Rn. 60; Strahl (2016), S. 19680.
[50] Vgl. Bornhofen (2016), S. 96; Kulosa (2016), § 7g EStG, Rz. 24.
[51] Vgl. Pfirrmann (2017), § 7g EStG, Rz. 26; Handzik (2016), § 7g EStG, Rn. 123; Kulosa (2016), § 7g EStG, Rz. 25.
[52] Vgl. Lambrecht (2015), § 7g EStG, Rz. 1.
[53] Vgl. Lambrecht (2015), § 7g EStG, Rz. 26.
[54] Vgl. Brandis (2017), § 7g EStG, Rn. 60.
[55] Vgl. Rosarius (2016), § 7g EStG, Rz. 74.

der Bilanz.[56] Ab 2016 ist das Investitionsobjekt weder seiner Funktion nach zu benennen noch sind voraussichtliche Stückzahlen oder die Anschaffungs- oder Herstellungskosten anzugeben.[57]

Beispiel 1: Unternehmer U will im Jahr 2018 diverse Wirtschaftsgüter anschaffen.
Er plant mit voraussichtlichen Anschaffungskosten von 150.000 Euro. Unternehmer
U darf bereits in der Steuererklärung 2016 einen Investitionsabzugsbetrag von ma-
ximal 40% in Anspruch nehmen. U dürfte 60.000 Euro gewinnmindernd berücksichtigen. Bei einem angenommenen Steuersatz von 30% würde die Steuerersparnis
18.000 Euro (30% von 60.000 Euro) betragen.

Abwandlung zu Beispiel 1: Unternehmer U hatte bereits in den Jahren 2013, 2014
und 2015 einen Investitionsabzugsbetrag in Höhe von jeweils 50.000 Euro geltend
gemacht. Der Höchstbetrag für den Investitionsabzugsbetrag beträgt 200.000 Euro.
Vom Jahr 2013 bis 2015 wurden bereits Abzugsbeträge von insgesamt 150.000
Euro in Anspruch genommen. Unternehmer U dürfte in 2016 anstatt 60.000 Euro
lediglich 50.000 Euro geltend machen. Bei einem angenommenen Steuersatz von
30% würde die Steuerersparnis nur noch 15.000 Euro (30% von 50.000 Euro) betragen.

Abbildung 1: Erfassungsmaske des IA in Datev ESt 2016

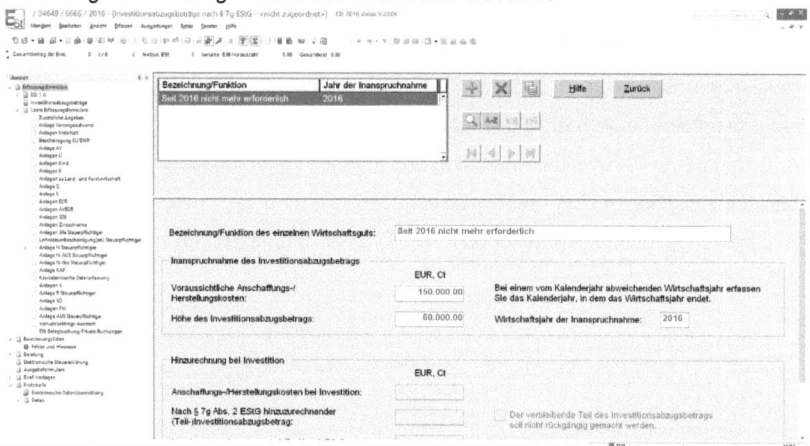

Quelle: In Anlehnung an Datev, ESt 2016 classic V.20.06, Anlage Investitionsabzugsbeträge.

---

[56] Vgl. Brandis (2017), § 7g EStG, Rn. 2; Hennrichs (2015), § 9 Bilanzsteuerrecht, Rz. 337.
[57] Vgl. Grote (2017), § 7g EStG, Rz. 37; Kulosa (2016), § 7g EStG, Rz. 19.

3.2   Durchführung der geplanten Investition

3.2.1 Hinzurechnung

Bei einer planmäßigen Anschaffung oder Herstellung des Wirtschaftsguts ist der geltend gemachte Investitionsabzugsbetrag dem Gewinn außerhalb der Bilanz im Jahr des Abzugs wieder hinzuzurechnen.[58] Die Hinzurechnung darf nicht höher als der tatsächlich in Anspruch genommene Investitionsabzugsbetrag sein.[59] Durch das StÄndG 2015 hat der Steuerpflichtige weitere Möglichkeiten bei der Hinzurechnung und der Herabsetzung. Nun besteht ein Wahlrecht, ob und in welcher Höhe der Steuerpflichtige diese vornehmen möchte.[60] Die Entscheidung über die Ausübung eines Antrags- oder Wahlrechtes kann noch solange geändert werden, bis der Steuerbescheid formell und materiell bestandskräftig wird.[61]

Fortführung Beispiel 1: Die Anschaffungskosten der diversen Wirtschaftsgüter beträgt im Jahr 2018 tatsächlich 200.000 Euro. Grundsätzlich würde die außerbilanzielle Gewinnhinzurechnung 80.000 Euro (40% von 200.000 Euro) betragen. Der im Jahr 2016 in Anspruch genommene Investitionsabzugsbetrag beträgt jedoch nur 60.000 Euro. Die Gewinnhinzurechnung wird deshalb auf 60.000 Euro begrenzt.

Angenommen die Anschaffungskosten der diversen Wirtschaftsgüter beträgt im Jahr 2018 tatsächlich 100.000 Euro. Dann würde die Gewinnhinzurechnung sich nach den tatsächlichen Anschaffungskosten richten und 40.000 Euro (40% von 100.000 Euro) betragen. Nach § 7g Abs. 3 EStG müsste wiederum spätestens bei Ablauf von drei Jahren nach Berücksichtigung des Investitionsabzugsbetrags eine Korrektur in Höhe von 20.000 Euro (60.000 Euro – 40.000 Euro) vorgenommen werden. Bei einem Steuersatz von 30% beträgt die Steuernachzahlung für 2016 6.000 Euro. Eine Verzinsung gemäß § 233a AO von 0,5% pro vollen Monat ist die Folge.[62] Eine rückwirkende Verzinsung für ab 2013 gebildete Investitionsabzugsbeträge ist durch das am 30.06.2013 in Kraft getretene AmtshilfeRLUmsG nicht mehr vermeidbar.[63] Der Zinslauf beginnt für 2016 am 01.04.2018. Falls der Steuerpflichtige am 20.10.2019 einen um 20.000 Euro korrigierten Steuerbescheid erhält, sind für den Zeitraum vom 01.04.2018 bis zum 30.09.2019 Zinsen in Höhe von 9% auf die Steuernachforderung zu bezahlen. In diesem Fall würden Zinsen in Höhe von

---

[58] Vgl. BMF-Schreiben vom 08.05.2009, IV C 6 – S 2139-b/07/10002, BStBl. I 2009, S. 633.
[59] Vgl. Rick u.a. (2016), S. 549-550.
[60] Vgl. Rosarius (2016), § 7g EStG, Rz. 2; Happe (2016), S. 330.
[61] Vgl. BFH-Urteil vom 09.12.2015, X R 56/13, BStBl. II 2016, S. 967.
[62] Vgl. Brandis (2017), § 7g EStG, Rn. 2; Lambrecht (2015), § 7g EStG, Rn. 7.
[63] Vgl. Grote (2017), § 7g EStG, Rz. 11; Pfirrmann (2017), § 7g EStG, Rz. 37.

540 Euro anfallen. Dieses Beispiel soll verdeutlichen, dass eine falsche Kalkulation der voraussichtlichen Anschaffungs- oder Herstellungskosten eine erhebliche Zinsnachzahlung verursachen kann. Deshalb ist es ratsam, vorsichtig zu kalkulieren und sich der möglichen Zinsnachzahlung bewusst zu sein.

3.2.2 Minderung der Anschaffungs- oder Herstellungskosten

Zur außerbilanziellen Hinzurechnung kann der Steuerpflichtige parallel die buchmäßigen Anschaffungs- oder Herstellungskosten des begünstigten Wirtschaftsguts um bis zu 40% mindern.[64] Das Wahlrecht darf nur dann geltend gemacht werden, falls zuvor ein Investitionsabzugsbetrag und eine Hinzurechnung erfolgten.[65] Die sofort aufwandswirksame, bilanzielle Buchwertminderung ist auf den tatsächlichen Hinzurechnungsbetrag zu beschränken.[66] Hierdurch können die Anschaffungs- oder Herstellungskosten soweit gemindert werden, dass ein GWG nach § 6 Abs. 2 EStG bzw. ein Wirtschaftsgut, das in den Sammelposten nach § 6 Abs. 2a EStG aufzunehmen ist, entstehen kann.[67] Das ist positiv zu sehen, da bei Entstehung eines GWG die Abschreibung der kompletten Anschaffungs- oder Herstellungskosten möglich ist. GWG sind Wirtschaftsgüter mit Anschaffungs- oder Herstellungskosten bis 410 Euro. Die Gewinnerhöhung durch Hinzurechnung wird durch die bilanzielle Buchwertminderung neutralisiert.[68] Der Auffassung von Handzik zufolge muss man hier zwingend von einer „Neutralisierung" oder einer „Kompensation" sprechen, da der Gesetzgeber von einem Herabsetzen und nicht von einem Abschreiben spricht.[69] Diese Auffassung ist plausibel, auch wenn Grote von einer zusätzlichen Abschreibung spricht.[70] Aufgrund der Herabsetzung kann laut Rosarius eine weitere Steuerstundung erreicht werden.[71] Erst durch eine erfolgswirksame Buchung in der steuerlichen Buchhaltung erfolgt eine Minderung der Anschaffungs- oder Herstellungskosten.[72] Die Bemessungsgrundlage für die Abschreibung und die Sonderabschreibung vermindert sich dadurch.[73]

---

[64] Vgl. Rick u.a. (2016), S. 550; Riepolt (2016), S. 64.
[65] Vgl. Rosarius (2016), § 7g EStG, Rz. 78.
[66] Vgl. Grote (2017), § 7g EStG, Rz. 50; Pfirrmann (2017), § 7g EStG, Rz. 15.
[67] Vgl. Rick u.a. (2016), S. 550.
[68] Vgl. Brandis (2017), § 7g EStG, Rn. 65.
[69] Vgl. Handzik (2016), § 7g EStG, Rn. 132.
[70] Vgl. Grote (2017), § 7g EStG, Rz. 50.
[71] Vgl. Rosarius (2016), § 7g EStG, Rz. 75.
[72] Vgl. Goy (2016), S. 60.
[73] Vgl. BMF-Schreiben vom 20.03.2017, IV C 6 – S 2139 – b/0710002-02, BStBl. I 2017, S. 423.

Beispiel 2: Unternehmer Z hat bereits im Jahr 2016 einen Investitionsabzugsbetrag in Höhe von 80.000 Euro geltend gemacht. Im Jahr 2017 wird das Wirtschaftsgut tatsächlich wie geplant für 200.000 Euro angeschafft. Um die außerbilanzielle Hinzurechnung zu neutralisieren, möchte Z nun zusätzlich die Herabsetzung in Anspruch nehmen. Die Anschaffungskosten werden innerhalb der Buchhaltung um 40% erfolgswirksam vermindert. Die Bemessungsgrundlage für die Abschreibungen beträgt nun 120.000 Euro. Das Wirtschaftsgut hat eine Nutzungsdauer von 10 Jahren. Die jährliche Abschreibung beträgt anstatt 20.000 Euro nur noch 12.000 Euro. Im Ergebnis wird, entsprechend dem Sinn und Zweck des § 7g EStG, das Abschreibungsvolumen in einem Jahr vor der tatsächlichen Investition gewinnmindernd berücksichtigt.[74]

3.2.3 Sonderabschreibung

Sonderabschreibungen nach § 7g Abs. 5 EStG sind unabhängig vom Investitionsabzugsbetrag im Jahr der Anschaffung oder Herstellung und in den folgenden vier Jahren neben der gewöhnlichen Abschreibung bis zu insgesamt 20% der Anschaffungs- oder Herstellungskosten abziehbar.[75] Die laut Kulosa weniger sinnvolle Koppelung der Sonderabschreibung an die Inanspruchnahme einer Ansparabschreibung ist ab 2008 ersatzlos entfallen.[76] Gemäß § 7g Abs. 6 Nr. 1 EStG darf die Sonderabschreibung nur dann in Anspruch genommen werden, falls der Steuerpflichtige zum Ende des Wirtschaftsjahres, das der Anschaffung oder Herstellung vorangeht, die Betriebsgrößenabhängigen Merkmale des Investitionsabzugsbetrags nach § 7g Abs. 1 Satz 2 Nr. 1 EStG nicht überschreitet.[77] Anders als beim Investitionsabzugsbetrag spielt die Betriebsgröße zum Ende des laufenden Wirtschaftsjahres keine Rolle.[78] Diese Voraussetzungen sind im Jahr der Betriebseröffnung laut Grote als erfüllt anzusehen, da im Vorjahr weder ein Betriebsvermögen vorhanden ist, noch ein Gewinn erzielt wurde.[79] Eine weitere Voraussetzung ist, dass das erworbene Wirtschaftsgut im Jahr nach der Investition in einer inländischen Betriebsstäte

[74] Vgl. BMF-Schreiben vom 20.03.2017, IV C 6 – S 2139 – b/0710002-02, BStBl. I 2017, S. 423.
[75] Vgl. Brandis (2017), §7g EStG, Rn. 82; Pfirrmann (2017), § 7g EStG, Rz. 42; Birk (2016), S. 282-283.
[76] Vgl. Kulosa (2016), § 7g EStG, Rz. 41.
[77] Vgl. Grote (2017), § 7g EStG, Rz. 51; Kulosa (2016), § 7g EStG, Rz. 41.
[78] Vgl. Kulosa (2016), § 7g EStG, Rz. 42.
[79] Vgl. Grote (2017), § 7g EStG, Rz. 51.

eines Betriebs des Steuerpflichtigen verbleibt und dabei zu mindestens 90% betrieblich genutzt wird.[80] Die Voraussetzungen für die Inanspruchnahme der Sonderabschreibung sind fast identisch zu den Voraussetzungen für die Inanspruchnahme. Zu Recht ist das wahrscheinlich der Grund, weshalb die Sonderabschreibung nicht im § 7 EStG, sondern im § 7g EStG geregelt ist. Schließlich sollen nur kleine und mittlere Betriebe von den Sonderabschreibungen profitieren.

Nachfolgend ist eine Tabelle aufgeführt, in dem die Möglichkeiten für die Inanspruchnahme der Sonderabschreibung verdeutlicht werden. Selbstverständlich sind andere Kombinationen möglich. Der Steuerpflichtige will ein Wirtschaftsgut in 2016 anschaffen und die Sonderabschreibung in Anspruch nehmen. Alle Voraussetzungen sind erfüllt.

Tabelle 1: Möglichkeiten bei der Sonderabschreibung

	Möglichkeit 1	Möglichkeit 2	Möglichkeit 3	Möglichkeit 4
Sonder-AfA 2016	20%		4%	
Sonder-AfA 2017			4%	10%
Sonder-AfA 2018			4%	
Sonder-AfA 2019			4%	10%
Sonder-AfA 2020		20%	4%	
Summe	20%	20%	20%	20%

Quelle: In Anlehnung an Grote (2017), § 7g EStG, Rz. 51.

3.3 Rückgängigmachung

3.3.1 Korrekturen bei unterlassener Investition

Durch die Regelung des § 7g Abs. 3 EStG sind gewinnmindernde Investitionsabzugsbeträge rückgängig zu machen, falls die geplante Investition nicht innerhalb des Investitionszeitraums von drei Jahren durchgeführt werden.[81] Die Korrektur erfolgt dabei im Gegensatz zur Ansparabschreibung im Abzugsjahr.[82] Der Gesetzge-

---

[80] Vgl. Grote (2017), § 7g EStG, Rz. 51; Kulosa (2016), § 7g EStG, Rz. 51.
[81] Vgl. Grote (2017), § 7g EStG, Rz. 54; Rizkat (2016), S. 7-8.
[82] Vgl. Rick u.a. (2016), S. 550.

ber hat zudem eine gesonderte Berichtigungsnorm mit eigenständiger Festsetzungsfrist eingefügt.[83] Die Rückgängigmachung erfolgt durch Änderung des Steuerbescheids bzw. Feststellungsbescheids des Wirtschaftsjahrs des Abzugs.[84] Die Folge ist eine Verzinsung der Steuernachforderung nach § 233a AO, wodurch die niedrigere Steuerfestsetzung den durch die zwischenzeitlichen eingetretenen Steuervorteil wieder ausgleichen soll.[85]

Beispiel 3: Unternehmer X kauft entgegen seiner ursprünglichen Absicht, für deren voraussichtliche Anschaffungskosten er in 2016 einen Investitionsabzugsbetrag in Höhe von 80.000 Euro geltend gemacht hat, weder im Jahr 2017 noch in den beiden darauffolgenden Wirtschaftsjahren 2018 und 2019 ein Wirtschaftsgut. Nach § 7g Abs. 3 Satz 2 EStG ist der Gewinn in 2016 um den ursprünglich in Anspruch genommenen Investitionsabzugsbetrag in Höhe von 80.000 Euro außerbilanziell zu erhöhen. Die Festsetzungsfrist endet für diese Berichtigungsveranlagung nicht vor Ablauf der Festsetzungsfrist für 2019.[86] Die gleichen Folgen ergeben sich, falls die voraussichtlichen Anschaffungs- oder Herstellungskosten höher sind als die späteren tatsächlichen Aufwendungen.[87] Deshalb ist es ratsam, bereits vor Ablauf der drei Jahre die Investitionsabsicht aufzugeben. Der Steuerpflichtige hat den Vorteil einer geringeren Verzinsung.[88]

3.3.2 Korrekturen bei schädlicher Verwendung

Nach § 7g Abs. 4 EStG ist eine zwingende Rückgängigmachung des Investitionsabzugsbetrags sowie die Hinzurechnung und die Minderung der Anschaffungs- und Herstellungskosten dann nötig, falls ein angeschafftes oder hergestelltes Wirtschaftsgut nicht bis zum Ende des dem Wirtschaftsjahr oder Herstellung folgenden Wirtschaftsjahrs in einer inländischen Betriebsstätte des Steuerpflichtigen verbleibt.[89] Wenn das Wirtschaftsgut innerhalb dieses Zeitraums mehr als 10% privat genutzt wird, führt das aufgrund schädlicher Verwendung ebenfalls zur Versagung der steuerlichen Vergünstigung.[90] Die Veräußerung des Wirtschaftsguts, Insolvenz, Entnahme in das Privatvermögen, die Überführung in einen anderen Betrieb und

---

[83] Vgl. Pfirrmann (2017), § 7g EStG, Rz. 36; Rosarius (2016), § 7g EStG, Rz. 81.
[84] Vgl. Grote (2017), § 7g EStG, Rz. 54.
[85] Vgl. Grote (2017), § 7g EStG, Rz. 54; Kulosa (2016), § 7g EStG, Rz. 32.
[86] Vgl. Rick u.a. (2016), S. 550.
[87] Vgl. BMF-Schreiben vom 20.03.2017, IV C 6 – S 2139 – b/0710002-02, BStBl. I 2017, S. 423.
[88] Vgl. Rick u.a. (2016), S. 550-551.
[89] Vgl. Grote (2017), § 7g EStG, Rz. 56.
[90] Vgl. Rick u.a. (2016), S. 551.

die Veräußerung oder die Aufgabe des Betriebs sind Beispiele einer schädlichen Verwendung.[91] Unschädliche Verwendung liegt hingegen vor, falls das Wirtschaftsgut selbst betroffen ist.[92] Diese wären wegen eines Mangels oder Totalschadens, wirtschaftlichen Verbrauchs oder die Überführung in das Umlaufvermögen.[93]

Beispiel 3: Unternehmer L hat im Jahr 2016 für die geplante Anschaffung eines Kraftfahrzeugs einen Investitionsabzugsbetrag in Höhe von 20.000 Euro geltend gemacht. Das Fahrzeug wird im Jahr 2017 wie geplant mit Anschaffungskosten in Höhe von 50.000 Euro angeschafft und der Investitionsabzugsbetrag in Höhe von 20.000 Euro dem Gewinn in 2017 außerbilanziell hinzugerechnet. Das Wahlrecht zur Minderung der buchhalterischen Anschaffungskosten um 20.000 Euro wird ausgeübt um die Gewinnerhöhung zu neutralisieren. Im Jahr 2018 wird das Fahrzeug lediglich zu 85% betrieblich genutzt und demnach handelt es sich um eine schädliche Verwendung. Folge ist die Rückgängigmachung des Investitionsabzugsbetrags im Jahr 2016 und die Rückgängigmachung der Hinzurechnung sowie der Buchwertminderung des Fahrzeugs im Jahr 2017. Die Bescheide für 2016 und 2017 sind zu berichtigen und die Steuernachzahlungen sind gemäß § 233a AO zu verzinsen.

Für den Leser wurde nun die Grundlage geschaffen, um in die Analyse und den damit verbundenen Auswirkungen der BFH-Urteile besser einzusteigen. Der Themenschwerpunkt dieser Projektarbeit liegt in Kapitel vier. Die folgende Tabelle kann dabei helfen, die einzelnen Absätze des § 7g EStG vereinfacht darzustellen.

---

[91] Vgl. Kulosa (2016), § 7g EStG, Rz. 8; Grützner (2016), S. 688.
[92] Vgl. BFH-Urteil vom 27.04.1999, III R 32/98, BStBl. II 1999, S. 615.
[93] Vgl. BFH-Urteil vom 09.12.1999, III R 49/47, BStBl. II 2000, S. 434.

Tabelle 2: Überblick über den § 7g EStG in der Fassung StÄndG 2015

Abs. des § 7g EStG betrifft	Regelungsinhalt
1 - IA	Größenmerkmale, Investitionszeitraum, Verbleibensvoraussetzung, Dokumentationspflichten, Höhe und Höchstbetrag aller Investitionsabzugsbeträgen
2 - IA	Rechtsfolgen der Investition (Hinzurechnung, Neutralisierung)
3 - IA	Rechtsfolgen der Nichtinvestition innerhalb des Investitionszeitraums
4 - IA	Rechtsfolgen einer steuerschädlichen Verwendung des Wirtschaftsguts nach erfolgter Investition
5 - Sonder-AfA	Höchstbetrag und Zeitraum für Inanspruchnahme
6 - Sonder-AfA	Voraussetzungen für Inanspruchnahme
7 – IA und Sonder-AfA	Regelungen für Personengesellschaft/gemeinschaft

Quelle: In Anlehnung an Handzik (2016), § 7g EStG, Rn. 17.

4 Nachträglicher Investitionsabzugsbetrag zum Ausgleich von Gewinnerhöhungen

4.1 Urteile

Mit den BFH-Urteilen vom 23.03.2016 und 28.04.2016 wurde entschieden, dass die nachträgliche Bildung von einem Investitionsabzugsbetrag möglich ist, wenn dieser zur Kompensation von Steuernachzahlungen aufgrund einer Außenprüfung erfolgt.[94] Der vierte Senat hat mit dem BFH-Urteil vom 23.03.2016 und der erste Senat mit dem BHF-Urteil vom 28.04.2016 die frühere Verwaltungsfassung vom 20.11.2013 verworfen, wonach der Investitionsabzugsbetrag nach § 7g EStG in der Fassung des UntStRefG 2008 nicht zum Ausgleich von Außenprüfung Mehrergebnissen dienen darf.[95] Beschränkungen im Falle der Änderung und der nachträgli-

---

[94] Vgl. Grote (2017), § 7g EStG, Rz. 36; BFH-Urteil vom 23.03.2016, IV R 9/14, BStBl. II 2017, S. 295; BFH-Urteil vom 28.04.2016, I R 31/15, BStBl. II 2017, S. 306.

[95] Vgl. Strahl (2017), S. 76; BMF-Schreiben vom 20.11.2013, IV C 6 – S. 2139 – b/07/10002, BStBl. I 2013, S. 1493.

chen Geltendmachung von Investitionsabzugsbeträgen finden sich in der neu ge-
fassten Verwaltungsanweisung zu § 7g EStG vom 20.03.2017 auch nicht mehr für
Kompensation von Betriebsprüfungen.[96]

Im BFH-Urteil vom 23.03.2016 ging es um eine bilanzierende GbR, die für das Wirtschaftsjahr 2009/2010 aus der Haltung von Pferden Einkünfte aus Land- und Forst-
wirtschaft erzielte. Den Jahresabschluss für das Wirtschaftsjahr 2009/2010 reichte
die GbR am 25.03.2011 beim Finanzamt ein. Ein entsprechender Feststellungsbe-
scheid wurde vom Finanzamt erlassen. Eine im Herbst 2012 durchgeführte Außenprüfung für die Jahre 2007 bis 2009 führte in allen geprüften Jahren zu einer Gewinnerhöhung. Daraufhin hat die GbR für einen bereits am 30.07.2011 erworbenen
Schlepper in Höhe von 25.000 Euro nachträglich und erstmalig für das Wirtschaftsjahr 2009/2010 einen Investitionsabzugsbetrag in Höhe von 10.000 Euro in Anspruch genommen. Der nachträglich gebildete Investitionsabzugsbetrag wurde aber
vom Finanzamt nicht anerkannt, da der Finanzierungszusammenhang fehle. Jedoch war laut dem FG und dem BFH ein Finanzierungszusammenhang nach der
anzuwenden Rechtslage nicht mehr nötig. Es sei aber weiterhin erforderlich, dass
eine im Zeitpunkt der Bildung des Investitionsabzugsbetrags vorhandene Investitionsabsicht glaubhaft gemacht wird. Die Anforderungen für die Investitionsabsicht
sind aber gering.[97] Der BFH hat das Verfahren an das FG zurückverwiesen, da das
FG bei Stattgabe der Klage die Investitionsabsicht überhaupt nicht geprüft hatte.
Die Vornahme der Investition innerhalb der Investitionsfrist ist ein Indiz für die bestehende Investitionsabsicht, die nach dem StÄndG 2015 nicht mehr nachgewiesen
werden muss.[98] Die Beschränkung für Bilanzänderungen nach § 4 Abs. 2 EStG ist
wegen der außerbilanziellen Bildung des Investitionsabzugsbetrags nicht mehr re-
levant.[99] Das Urteil betrifft die im Jahr 2009 geltende Rechtslage. Die Rechtslage
hat sich seit 2016 verändert. Die Investitionsabsicht sowie die Absicht der späteren
betrieblichen Nutzung werden seit 2016 nicht mehr ausdrücklich vom Gesetz er-
wähnt. Die bisherige Dokumentationspflicht wurde durch die Verpflichtung zur elek-
tronischen Übermittlung ersetzt. Ob die Bildung eines Investitionsabzugsbetrags vor
oder nach der Außenprüfung vorgenommen wird spielt hierbei keine Rolle. Damit

---

[96] Vgl. Strahl (2017), S. 79; BMF-Schreiben vom 20.03.2017, IV C 6 – S 2139 – b/0710002-02,
BStBl. I 2017, S. 423.
[97] Vgl. Reddig (2015), S. 2624-2625.
[98] Vgl. Strahl (2017), S. 76-77; Korn/Strahl (2016), S. 3668.
[99] Vgl. Korn/Strahl (2016), S. 3668; Reddig (2015), S. 2625.

sind laut dem BFH die verfahrensrechtlichen Voraussetzungen für die Bildung eines Investitionsabzugsbetrags erfüllt. Im Streitfall wäre ein Finanzierungszusammenhang nach § 7g EStG a.f. gegeben. Auf das Vorliegen einer Investitionsabsicht kann lediglich anhand von Indizien geschlossen werden. Das FG hätte die Tatsache, dass es im Investitionszeitraum zu der Investition gekommen ist, nicht bereits als Nachweis, sondern lediglich als Indiz berücksichtigen dürfen.[100]

Klägerin im BFH-Urteil vom 28.04.2016 war eine GmbH. Die GmbH machte in der Körperschaftsteuererklärung für 2007 einen Investitionsabzugsbetrag in Höhe von 15.016 Euro für einen LKW geltend, woraufhin sich ein zu versteuerndes Einkommen von null Euro ergab. In der späteren erfolgten Außenprüfung hat das Finanzamt den Bescheid vom 24.08.2010 geändert, wodurch die Körperschaftsteuer 2007 mit einem zu versteuernden Einkommen in Höhe von 4.153 Euro festgesetzt wurde. Die daraus resultierende Körperschaftsteuer lag bei 1.038 Euro. Daraufhin beanspruchte die GmbH für den bereits im Mai 2010 angeschafften LKW einen zusätzlichen Investitionsabzugsbetrag in Höhe von 5.500 Euro, da durch die Außenprüfung der Verlust in einen Gewinn umschlug.[101] Die Klägerin nahm die Erhöhung des Investitionsabzugsbetrags erst im Oktober 2010 im Einspruchsverfahren in Anspruch. Der Einspruch hatte Erfolg. Der BFH ließ jedoch offen, ob nach dem UntStRefG 2008 überhaupt noch ein Finanzierungszusammenhang bestehen müsse. Der Finanzierungszusammenhang besteht, wenn es um die Kompensierung von Gewinnerhöhungen und nicht die Erreichung von einkommensabhängigen Steuervergünstigungen geht.[102] Der BFH folgte im Streitfall den tatsächlichen Feststellungen des FG, dass die behauptete Investitionsabsicht für glaubwürdig hielt. Mit dem LKW handelt es sich um eine im Rahmen der üblichen Unternehmenstätigkeit liegende Anschaffung. Das allgemeine Investitionsverhalten und das Alter des ersetzten LKW sprachen für die Investitionsabsicht.

4.2 Auswirkungen der Urteile

Der Auffassung der Finanzverwaltung, wonach die nachträgliche Bildung eines Investitionsabzugsbetrags zur Kompensation einer Gewinnerhöhung aufgrund einer Betriebsprüfung nicht erlaubt ist, wurde mit den BHF-Urteilen vom 23.03.2016 und 28.04.2016 widersprochen. Der erste Senat des BFH hat die Rechtsprechung des

---

[100] Vgl. Tippelhofer (2016), S. 2096-2098.
[101] Vgl. Grützner (2016), S. 689.
[102] Vgl. Strahl (2017), S. 77.

vierten Senats rund einen Monat später bestätigt. Demnach müssen laut beiden Senaten eine Investitionsabsicht vorliegen. Der erste Senat ließ dabei offen, ob ein Finanzierungszusammenhang vorliegen muss. Der vierte Senat hatte dies ausdrücklich verneint. Anreize für missbräuchliche Gestaltung seien zum einen durch das Tatbestandsmerkmal der Investitionsabsicht und zum anderen durch die rückwirkende Änderung der Steuerfestsetzungen bei Nichtinvestition eingedämmt worden.[103]

Zum BFH-Urteil vom 23.03.2016 nimmt Tippelhofer Stellung. Seiner Auffassung zufolge erleichtert die Entscheidung des vierten Senats des BFH die Inanspruchnahme des Investitionsabzugsbetrags für die Praxis, da Begünstigte den Investitionsabzugsbetrag im Anschluss an eine Betriebsprüfung in Anspruch nehmen dürfen. Steuerpflichtige die von einer Betriebsprüfung betroffen sind, können sich insoweit auf eine durch zwei Senate bestätigte Rechtsauffassung gegenüber dem Finanzamt berufen. Von Bedeutung sei zudem, dass der vierte Senat in Bezug auf die Prüfung des Merkmals eines Finanzierungszusammenhangs im Gegensatz zum ersten Senat bereits Position bezogen hat. Es bleibt abzuwarten, ob der erste Senat dem vierten Senat folgen wird und das Merkmal des Finanzierungszusammenhangs ebenfalls für notwendig hält. Tippelhofer empfiehlt, dass die Investitionsabsicht in der Praxis ausreichend dokumentiert und begründet wird, weil der Steuerpflichtige dafür die Beweislast trägt. Das Investitionsverhalten des Betriebs und das Alter des zu ersetzenden Wirtschaftsguts sind hierbei hilfreiche äußere Umstände. Zwar ist die Vorlage einer festen Bestellung oder eines Investitionsplans nicht erforderlich, aber aus praktischer Sicht hilfreich. Zu Recht betont Tippelhofer, dass das Merkmal der Investitionsabsicht ab 2016 nach dem StÄndG 2015 entfallen ist.[104]

Von Glasenapp zufolge eröffnet das BFH-Urteil vom 28.04.2016 kleinen und mittleren Betrieben einen Gestaltungsspielraum bei der Finanzierungsplanung für die Anschaffung oder Herstellung von Anlagegütern. Das steuerliche Gestaltungsmittel sei hier der Investitionsabzugsbetrag, welches Einfluss auf die Gewinnhöhe und die Steuerbelastung hat. Wie schon Tippelhofer betont auch von Glasenapp die Investitionsabsicht, die in dem Jahr bestanden haben muss, in dem der Abzug begehrt wird. Der Nachweis war im Urteil vom 28.04.2016 lückenlos gelungen. Bestimmte Anhaltspunkte waren gegeben. Diese wären die grundsätzliche Entscheidung der

---

[103] Vgl. Reddig (2016), S. 2624-2625.
[104] Vgl. Tippelhofer (2016), S. 2096.

Steuerpflichtigen zur Geltendmachung von Investitionsabzugsbeträgen bereits in anderen Fällen, das vorherige Investitionsverhalten und das Alter des ersetzten LKW.[105] Zu bedenken ist aber, dass die Investitionsabsicht ab 2016 keine Rolle mehr spielt.

Die Entscheidungen des BFH werden von Reddig begrüßt, da die Urteile mit der Zielsetzung des § 7g EStG vereinbar sind. Durch das StÄndG 2015 vom 02.11.2015 sei zwar das Merkmal der Investitionsabsicht für Abzugsbeträge ab 2016 aufgehoben, jedoch dürfte das nicht dazu führen, dass das überholte Erfordernis des Finanzierungszusammenhangs wieder zum Thema wird. Fraglich für Reddig ist noch, ob ein nachträglicher Investitionsabzugsbetrag noch beansprucht werden kann, falls zwischen der Investition und der erstmaligen Antragstellung mehr als drei Jahre liegen.[106] Von der Finanzverwaltung wird das mangels Investitionserleichterung abgelehnt.[107] Jedoch dürfte laut Reddig seit dem Wegfall des Finanzierungszusammenhangs dieser Ausschlussgrund entfallen.[108]

Laut Grützner wird aus den oben erörterten Urteilen das Bemühen des Gesetzgebers um Investitionserleichterungen für kleine und mittlere Betriebe deutlich. Jedoch ist das aufgrund der wiederholten Änderungen und Korrekturen des § 7g EStG nur mit Einschränkungen gelungen, da die Änderungen regelmäßig zu weiteren Streitfragen führen. Grützner zeigt zudem auf, dass es nach Ansicht des vierten Senats des BFH weder in objektiver noch in subjektiver Hinsicht ein Finanzierungszusammenhang zwischen Steuervergünstigung und geplanter Investition bedarf. Anders als vor 2016 bedarf es keiner konkreten Investitionsabsicht des Steuerpflichtigen mehr.[109]

Zu Recht betont Weiss, dass die Urteile vom 23.03.2016 und 28.04.2016 zu einer eindeutigen Verbesserung der Rechtsauffassung des BFH aus Sicht der Steuerpflichtigen beitragen. Durch die BFH-Urteile ist der Finanzierungszusammenhang nahezu bedeutungslos geworden und die nachträgliche Inanspruchnahme des Investitionsabzugsbetrags wird durch die Haltung des BFH deutlich erleichtert. Der Investitionsabzugsbetrag nach Betriebsprüfungen sollte als Steueroptimierungsmöglichkeit berücksichtigt werden. Wie bereits Grützner betont auch Weiss zu

[105] Vgl. Von Glasenapp (2016), S. 2031-2034.
[106] Vgl. Reddig (2016), S. 2624-2625.
[107] Vgl. BMF-Schreiben vom 20.11.2013, IV C 6 – S. 2139 – b/07/10002, BStBl. I 2013, S. 1493.
[108] Vgl. Reddig (2016), S. 2624-2625.
[109] Vgl. Grützner (2016), S. 688-690.

Recht, dass die sehr ausführlichen Bedingungen des ersten und vierten Senats zum Nachweis der Investitionsabsicht nur noch für Außenprüfungen bis zum Veranlagungszeitraum 2015 anwendbar sind.[110] Zu bedenken ist aber, dass eine grundlose Geltendmachung des Investitionsabzugsbetrags selbst unter der neuen Rechtslage nicht ratsam ist, da die weiterhin zu beachtenden Verzinsungsfolgen nach Ablauf der Investitionsfrist nicht unerheblich sind.

Nöcker schlägt in eine andere Kerbe und spricht die Rechtsfolgen der Betriebsprüfung an. Hiernach sollte der Steuerpflichtige im Rahmen der Betriebsprüfung seine Rechte wahren und sich im Klaren sein, welche Unterlagen er dem Betriebsprüfer herausgibt und welche nicht. Im Einzelfall sollte selbst bei gutem Prüfungsklima Rechtsschutz eingefordert werden. Bei Schätzungen sollte der Steuerpflichtige die Herausgabe der verwendeten Daten vom Prüfer verlangen, um die durchgeführten Berechnungen nachvollziehen zu können. Daraus resultierende Richtsatzschätzungen sollten nicht mehr ohne Weiteres akzeptiert werden. Die Prüfung der Korrekturvorschriften sei sinnvoll. Wenn alles nichts hilft, sollte die Kompensationsmöglichkeit durch die Bildung eines Investitionsabzugsbetrags nach § 7g EStG in Erwägung gezogen werden.[111]

Festzuhalten ist, dass die erfreulichen BFH-Urteile vom 23.03.2016 und 28.04.2016 zwar zu den alten Vorschriften ergangen sind, durch die Neufassung des § 7g EStG aber deutliche Erleichterungen erfahren haben. Die Urteile kommen der Zielsetzung des § 7g EStG näher und eine Verbesserung der Rechtsauffassung aus Sicht des Steuerpflichtigen ist erkennbar. Weite Teile der Literatur begrüßen die Regelung aufgrund der Erleichterung bei der Inanspruchnahme des Investitionsabzugsbetrags und dem größeren Gestaltungsspielraum bei der Finanzierungsplanung. Durch den Wegfall des Erfordernisses, das Investitionsobjekt seiner Funktion nach zu benennen sowie die voraussichtliche Stückzahl und die Anschaffungs- oder Herstellungskosten angeben zu müssen, erhöht sich hinsichtlich der Inanspruchnahme des Investitionsabzugsbetrages die Steuergestaltung erheblich.[112] Befürchtungen, dass der Wegfall des Funktionsbenennungserfordernisses eine missbräuchliche Inanspruchnahme des Investitionsabzugsbetrags fördern würde, sind durch die wei-

---

[110] Vgl. Weiss (2016), S. 1007.
[111] Vgl. Nöcker (2016), S. 3167-3168.
[112] Vgl. Reddig (2015), S. 3574.

terhin erforderlichen Rückgängigmachung bei Nichtinvestition weitgehend unbe-
gründet.[113] Das Gefahrenpotential einer missbräuchlichen Inanspruchnahme wurde
nach der gesetzlichen Korrektur zur Verzinsung abgesenkt.[114] Zu bedenken ist zwar,
dass es zu erheblichen Aufkommensrisiken kommen kann, falls sich die finanzielle
Situation der Steuerpflichtigen verschlechtert und die spätere Eintreibung der Steuern nur schwer durchzuführen ist. Jedoch ist diese Konstellation nur theoretischer
Natur und sollte bei der Frage der missbräuchlichen Inanspruchnahme nicht im Vordergrund stehen. Der Investitionsabzugsbetrag soll Betriebe nicht unter General-
verdacht stellen und dadurch beschränken, sondern eine flexiblere Gestaltung ermöglichen und positive Signale an die Steuerpflichtigen senden. Die Anreize einer
missbräuchlichen Gestaltung sind nach den Urteilen als gering einzustufen und sollten nicht Thema der Diskussion sein. In Zukunft kann durch die Bildung des Investitionsabzugsbetrags mittels amtlich vorgeschriebenen Datensätzen durch Datenfernübertragung, die komplette oder die partielle Kompensation der Gewinnerhöhungen nach Betriebsprüfungen und die damit verbundene Vermeidung der Zinsnachzahlung genutzt werden.

Überhaupt sind die Entscheidungen des BFH ein richtiger Schritt in die richtige Rich-
tung, da die bisherigen Beschränkungen des BMF keine Zielsetzung des § 7g EStG
ist und im Gesetzestext nicht wiederzufinden ist.[115] Die Urteile geben dem Anliegen
des Gesetzgebers Raum, begünstigten Betrieben eine flexible und relativ einfache
steuerliche Finanzierungserleichterung zu ermöglichen.[116] Diese Möglichkeit sollte
bei nachträglicher Geltendmachung ebenso greifen. Mit der verbundenen Steuerentlastung können frei gewordene liquide Mittel produktiv verwendet oder zur Tilgung von Verbindlichkeiten eingesetzt werden.[117] Die vom Gesetzgeber erwünschte
Flexibilität der Handhabung beim § 7g EStG wird laut Brandis nur erreicht, wenn in
dieser Hinsicht ein einfaches Verfahren installiert wird.[118] Zu Recht betont aber auch
Hennrichs, dass die Förderung des Mittelstands durch eine steuerliche Förderung
wie der § 7g EStG durch die Uneinheitlichkeit und Individualität der Unternehmen
nur sehr schwer zu erreichen ist.[119] Das BMF hat mit dem Schreiben vom

---

[113] Vgl. Bundesministerium der Finanzen (2016), S. 4.
[114] Vgl. Brandis (2017), § 7g EStG, Rn. 50.
[115] Vgl. Reddig (2015), S. 2624-2625.
[116] Vgl. Strahl (2017), S. 79.
[117] Vgl. Reddig (2016), S. 2625.
[118] Vgl. Brandis (2017), § 7g EStG, Rn. 54.
[119] Vgl. Hennrichs (2015), § 9 Bilanzsteuerrecht, Rz. 339.

20.03.2017 eine überarbeitete Verwaltungsanweisung zu den Zweifelsfragen im Zusammenhang mit Investitionsabzugsbeträgen veröffentlicht. Dabei wurde weitgehend der Rechtsprechung des BFH gefolgt.[120] Bei den Betrieben und Steuerberatern sorgt das für mehr Rechtssicherheit, da die BMF-Schreiben die Finanzämter binden. Aus der Sicht der Praxis ist das aufgrund der Steuervereinfachung und des Bürokratieabbaus zu begrüßen. In Zukunft werden aufgrund der Reduzierung von Dokumentationspflichten Streitigkeiten zwischen Steuerpflichtigen und Finanzamt reduziert.[121] Schließlich soll der § 7g EStG auch in der Zukunft ein äußerst beliebtes Gestaltungsinstrument bei der steuerlichen Gewinnermittlung bleiben.

4.3   Fallgestaltung zum Ausgleich von Gewinnerhöhungen

Die folgende Fallgestaltung soll die Möglichkeit der Vermeidung von Zinsen aufzeigen, die aufgrund einer Gewinnerhöhung nach einer Betriebsprüfung entsteht. Die Erhöhung des Gewinns aufgrund einer Betriebsprüfung kann zur Verzinsung von Steuernachzahlungen in Höhe von 6% pro Jahr führen. 15 Monate nach Ablauf des Veranlagungszeitraums beginnt der Zinslauf.

Sachverhalt: Der ledige Steuerpflichtige M betreibt eine Gaststätte und ermittelt seinen Gewinn nach § 4 Abs. 3 EStG. Die Gaststätte erzielte im Jahr 2016 einen Jahresüberschuss von 80.000 Euro. Im Jahr 2018 erfolgt die Anschaffung von neuen Küchengeräten in Höhe von 40.000 Euro. Im Jahr 2020 findet eine Betriebsprüfung statt, welche die Jahre 2016 bis 2018 betreffen. Für das Jahr 2016 schätzt der Betriebsprüfer Gewinne in Höhe von 16.000 € hinzu, da der Steuerpflichtige M einen zu niedrigen Rohgewinn auf den Wareneinkauf hatte. Daraufhin ergeht dem Steuerpflichtigen am 22. Mai 2020 ein berichtigter Einkommensteuerbescheid für 2016 mit einem Jahresüberschuss von 96.000 Euro zu. Bei einem angenommenen Grenzsteuersatz für Einzelveranlagte von 42%, ergibt sich auf die Gewinnerhöhung von 16.000 Euro eine Einkommensteuernachzahlung für 2016 in Höhe von 6.720 Euro zuzüglich Zinsen in Höhe von rund 806 Euro. Den Betrag in Höhe von insgesamt 7.526 Euro kann M nicht sofort tilgen, da M durch den Ausbau seiner Gaststätte im Mai 2020 seine liquiden Mittel bereits aufgebraucht hat.

Lösung: Der Steuerberater von M legt gegen diesen Bescheid form- und fristgerecht Einspruch ein und übermittelt die notwendigen Daten über die Anschaffung von Kü-

---

[120] Vgl. Hänsch (2017), S. 578.
[121] Vgl. Bundesministerium der Finanzen (2016), S. 4.

chengeräten in Höhe von 40.000 Euro per Datenfernübertragung. Der erhöhte Gewinn in Höhe von 16.000 Euro kann durch den Abzug eines Investitionsabzugsbetrags nach § 7g Abs. 1 S. 1 EStG kompensiert werden. Der Jahresüberschuss ist in 2016 unter 100.000 Euro. Das Größenmerkmal für Einnahmeüberschussrechner ist eingehalten. Die Darlegung der Investitionsabsicht und der Funktionsbenennung sind ab 2016 entfallen. Stattdessen ist die tatsächliche Nutzung des angeschafften oder hergestellten Wirtschaftsguts mindestens bis Ablauf des auf die Investition folgenden Wirtschaftsjahres im Betrieb zu erfolgen. Zudem ist die Bildung des Investitionsabzugsbetrags nach amtlich vorgeschriebenen Datensätzen durch Datenfernübertragung zu erfolgen. Diese Voraussetzungen wurden erfüllt.

5   Zusammenfassung

Bereits seit 1984 verfolgt der Gesetzgeber mit dem § 7g EStG den Zweck, die Liquiditätssituation und Eigenkapitalsituation kleiner und mittlerer Betriebe zu verbessern.[122] Die Förderung wird durch die Vorverlagerung des Abschreibungsvolumens erreicht. Die daraus resultierende Steuerentlastung kann als zinsloser Fiskalkredit gesehen werden. Die Sonderabschreibung ist eine wirtschaftslenkende Steuervergünstigung. Das Steueränderungsgesetz 2015 vom 02.11.2015 enthält im Wesentlichen Änderungen, die ab dem Jahr 2016 gelten. Die Anforderungen an die Inanspruchnahme von Investitionsabzugsbeträgen nach § 7g EStG wurden abgesenkt, damit die steuerliche Geltendmachung für zukünftige Investitionen einfacher und flexibler ist.[123] Steuerpflichtige müssen künftig keine Investitionsabsicht mehr nachweisen und nicht mehr entscheiden, welche Investition er schon bei der Inanspruchnahme des Investitionsabzugsbetrags tätigen möchte. Der Abzugsbetrag kann seit 2016 ohne weiteres für jeden Betrieb bis zur Höhe von 200.000 Euro beansprucht werden. Die Inanspruchnahme sämtlicher Wahlrechte hat im Gegenzug mittels Datenfernübertragung zu erfolgen.[124]

Mit den erfreulichen BFH-Urteilen vom 23.03.2016 und 28.04.2016 besteht mit dem Investitionsabzugsbetrag nach § 7g EStG nun die Möglichkeit, Steuernachzahlungen aufgrund von Betriebsprüfungen zu reduzieren oder ganz zu vermeiden.[125]

---

[122] Vgl. Grote (2017), § 7g EStG, Rz. 11; Kratzsch (2016), § 7g EStG, Rz. 7.
[123] Vgl. Bundesministerium der Finanzen (2016), S. 1.
[124] Vgl. Strahl (2017), S. 78.
[125] Vgl. BFH-Urteil vom 23.03.2016, IV R 9/14, BStBl. II 2017, S. 295; BFH-Urteil vom 28.04.2016, I R 31/15, BStBl. II 2017, S. 306.

Nach der gesetzlichen Änderung des § 7g EStG ist ein Finanzierungszusammenhang zwischen der Bildung des Investitionsabzugsbetrags und der tatsächlich erfolgten Investition nicht mehr erforderlich. Beschränkungen im Falle der Änderung
und der nachträglichen Inanspruchnahme finden sich für die Kompensation von Gewinnerhöhungen nach Betriebsprüfungen auch nicht mehr in der aktuellen Verwaltungsanweisung vom 20.03.2017.[126] Dementsprechend lässt die Finanzverwaltung
nun die Bildung eines Investitionsabzugsbetrags zur Glättung von Gewinnerhöhungen aufgrund Betriebsprüfungen zu und fordert nicht mehr einen konkreten Nachweis der Investitionsabsicht. Dadurch gibt die Finanzverwaltung der Zielsetzung des
Gesetzgebers Raum, begünstigten Betrieben eine flexible und relativ einfache steuerliche Finanzierungserleichterung zu ermöglichen.[127] In der Praxis ist das zu begrüßen, da diese Rechtsauffassung bei kleinen und mittleren Betrieben für Rechtssicherheit sorgt. Begünstigte Steuerpflichtige sollten diesen Freiraum deshalb ausnutzen und sich damit einen Fiskalkredit verschaffen.[128]

Die Befürchtungen für Anreize einer missbräuchlichen Inanspruchnahme des Investitionsabzugsbetrags sind aufgrund einer möglichen Verzinsung der Steuernachforderung als gering einzustufen.[129] Überhaupt sollte nicht die Frage des Anreizes für
missbräuchliche Inanspruchnahme des Investitionsabzugsbetrags im Vordergrund
stehen, sondern der Zweck des § 7g EStG. Eine theoretische Annahme dieser Möglichkeit würde der Zielsetzung des Investitionsabzugsbetrags nur im Wege stehen.
Abschließend lässt sich sagen, dass der Investitionsabzugsbetrag ein wichtiges In-
strument der steuerlichen Gewinngestaltung ist. Der Gesetzgeber sollte in Zukunft
versuchen, den § 7g EStG einfach und verständlich zu halten. Schließlich soll die
Beliebtheit des Investitionsabzugsbetrags weiterhin erhalten bleiben.

---

[126] Vgl. BMF-Schreiben vom 20.03.2017, IV C 6 – S 2139 – b/0710002-02, BStBl. I 2017, S. 423.
[127] Vgl. Strahl (2017), S. 79.
[128] Vgl. Korn/Strahl (2016), S. 3668.
[129] Vgl. Reddig (2016), S. 2624-2625.

Literaturverzeichnis

Birk, Dieter/Desens, Marc/Tappe, Henning (2016): Steuerrecht, in: C.F. Müller (Hrsg.): Schwerpunktbereich, 19. Auflage, Heidelberg 2016, S. 282-283.

Bornhofen, Manfred/Bornhofen Martin C. (2016): Steuerlehre 2 Rechtslage 2015, 36. Auflage, Wiesbaden 2016, S. 96.

Brandis, Peter (2017): Kommentar zu § 7g EStG, in: Heuermann, Bernd/Brandis, Peter (Hrsg.): Blümich Einkommensteuergesetz, 135. Auflage, München 2017.

Bundesministerium der Finanzen (2016): Neue Regelungen zu den Investitionsabzugsbeträgen in der steuerlichen Gewinnermittlung. [Online] Internet: http://www.bundesfinanzministerium.de/Content/DE/Monatsberichte/2016/04/Inhalt e/Kapitel-3-Analysen/3-5-Regelung-Investitionsabzugsbetraege-steuerliche-gewinnermittlung.html, Stand: 21.04.2016, Abfrage: 20.06.2017, S. 1-4.

Deutsches wissenschaftliches Institut der Steuerberater e.V (2017): Handbuch zur Einkommensteuerveranlagung 2016, in: C.H.Beck, München 2017, S. 669-676.

Goy, Karin (2016): Bilanzierung von geringwertigen Wirtschaftsgütern, in: BBK, Heft Nr. 2 (2016), S. 60.

Grote, Bernd (2017): Kommentar zu § 7g EStG, in: Lippross, Otto-Gerd/Seibel, Wolfgang (Hrsg.): Basiskommentar Steurrecht, Köln: Loseblattsammlung (Stand: Februar 2017).

Grützner, Dieter (2015): Die Neufassung des § 7g Abs. 1 bis 4 EStG, in: NWB Unternehmensteuern und Bilanzen, Heft Nr. 23 (2015), S. 905.

Grützner, Dieter (2016): Aktuelle Rechtsprechung des BFH zum Investitionsabzugsbetrag in: StuB 2016, Heft 18, S. 688-693.

Handzik, Peter (2016): Kommentar zu § 7g EStG, in: Littmann, Eberhard/Bitz, Horst/Pust, Hartmut (Hrsg.): Das Einkommensteuerrecht, Stuttgart: Loseblattsammlung (Stand: Februar 2016), B 114.

Happe, Rüdiger (2016): Änderungen beim Investitionsabzugsbetrag nach § 7g EStG, in: BBK, Heft Nr. 7 (2016), S. 330-332.

Hänsch, Falco (2017): Eine praxisnahe Kommentierung des BMF-Schreibens vom 20.03.2017, in: BBK, Heft Nr. 12 (2017), S. 552-578.

Hennrichs, Joachim (2015): Steuerrecht, in: Hey, Johanna u.a. (Hrsg.): Tipke/Lang, 22. Auflage, Köln 2015, S. 587-588.

Klörgmann, Bernhard (2016): Ratgeber zur Einkommensteuer 2016, in: Ratgeber Service der Sparkassen-Finanzgruppe (Hrsg.): Deutscher Sparkassen Verlag, 59. Auflage, Stuttgart 2016, S. 379-389.

Korn, Klaus/Strahl Martin (2016): Steuerliche Hinweise und Dispositionen zum Jahresende 2016, in: NWB Steuer- und Wirtschaftsrecht, Heft Nr. 49 (2016), S. 3668.

Kratzsch, Alexander (2016): Kommentar zu § 7g EStG, in: Frotscher, Gerrit/Geurts, Matthias, EStG Kommentar, Freiburg 2016.

Krudewig, Wilhelm (2014): Steuersparinstrument Investitionsabzugsbetrag, Nürnberg 2014, S. 7.

Kulosa, Egmont (2016): Kommentar zu § 7g EStG, in: Weber-Grellet (Hrsg.): Schmidt Einkommensteuergesetz, 35. Auflage, München 2016.

Lambrecht, Klaus (2015): Kommentar zu § 7g EStG, in: Kirchhoff (Hrsg.), Kirchhoff Einkommensteuergesetz, 14. Auflage, Köln 2015.

Nöcker, Gregor (2016): Update Betriebsprüfung - Neues vom BFH und die Auswirkungen für die Praxis, in: NWB, 42. Jg. (2016), S. 3167-3168.

Pfirrmann, Volker (2017): Kommentar zu § 7g EStG, in: Kirchhof (Hrsg.): Einkommensteuergesetz, Köln: Loseblattsammlung (Stand: März 2017).

Reddig, Jens (2015): Neue Gestaltungsmöglichkeiten beim Investitionsabzugsbetrag - Aktuelles zu § 7g EStG durch das StÄndG 2015, in: NWB, 48. Jg. (2015), S. 3574.

Reddig, Jens (2016): § 7g EStG - Nachträglicher Investitionsabzugsbetrag zum Ausgleich von Gewinnerhöhungen zulässig Anmerkungen zum Urteil des BFH vom 23.03.2016, BFH 23.03.2016 Aktenzeichen IV R 9/14, in: NWB, 35. Jg. (2016), S. 2624-2625.

Rick, Eberhard/Gunsenheimer, Gerhard/Schneider, Josef/Kremer, Thomas (2016): Lehrbuch Einkommensteuer, in: NWB-Verlag, 22. Auflage, Herne 2016, S. 547-552.

Riepolt, Johannes (2016): Investitionsabzugsbetrag nach § 7g EStG bei der E-Bilanz, in : NWB Unternehmensteuern- und Bilanzen, Heft Nr. 2 (2016), S. 64-67.

Rosarius, Lothar (2016): Kommentar zu § 7g EStG, in: Stollfuß (Hrsg.): Fuhrmann, Claas/Kraeusel, Jörg/Schiffers, Joachim EStG eKommentar.

Schoor, Hans Walter (2016): Bildung und Auflösung eines Investitionsabzugsbetrags nach Änderung durch das StÄndG 2015, in: Steuer Seminar, Heft Nr. 3 (2016), S. 42.

Strahl, Martin (2015): Gestaltende Steuerberatung 2015, 22. Auflage, Köln 2015.

Strahl, Martin (2016): Beratungsrelevantes aus dem StÄndG 2015, in: Kölner Steuerdialog, Heft Nr. 2 (2016), S. 19680-19682.

Strahl, Martin (2017): Aktuelles aus Gesetzgebung, Rechtsprechung und Finanzverwaltung (Deutscher Steuerberaterkongress 2017), München 2017.

Tippelhofer, Michael (2016): BFH: Kompensation des Mehrergebnisses einer Außenprüfung durch Investitionsabzugsbetrag, in: BB 2016, S. 2096-2098.

Von Glasenapp, Gero (2016): BFH: Investitionsabzugsbetrag - nachträgliche Glättung von BP-Mehrergebnissen - Wahrung des sog. Finanzierungszusammenhangs, in: BB 2016, S. 2031-2034.

Weiss, Martin (2016): Aktuelle Gesetzgebung, Rechtsprechung und Verwaltungsanweisungen zur Ansparabschreibung bzw. zum Investitionsabzugsbetrag des § 7g EStG, in: BB 2017, S. 1003-1008.

Rechtsprechungsverzeichnis

Gericht	Datum	Aktenzeichen	Fundstelle
BFH	27.04.1999	III R 32/98	BStBl. II 1999, S. 615
BFH	21.07.1999	I R 57/98	BStBl. II 2001, S. 127
BFH	09.12.1999	III R 49/97	BStBl. II 2000, S. 434
BFH	18.05.2011	X R 26/09	BStBl. II 2011, S. 865
BFH	20.06.2012	X R 42/11	BStBl. II 2013, S. 719
BFH	09.12.2015	X R 56/13	BStBl. II 2016, S. 967
BFH	23.03.2016	IV R 9/14	BStBl. II 2017, S. 295
BFH	28.04.2016	I R 31/15	BStBl. II 2017, S. 306

Verzeichnis der Verwaltungsanweisungen

Behörde	Datum	Aktenzeichen	Fundstelle
BMF	08.05.2009	IV C 6-S 2139-b/07/10002	BStBl. I 2009, S. 633
BMF	16.11.2011	IV A 7-O 2200/09/10009	BStBl. I 2011, S. 1063
BMF	20.11.2013	IV C 6-S-2139-b/07/10002	BStBl. I 2013, S. 1493
BMF	20.03.2017	IV C 6-S-2139-b/07/10002	BStBl. I 2017, S. 423

Rechtsquellenverzeichnis
I. Gesetze

Abgabenordnung (AO) in der Fassung der Bekanntmachung vom 01. Oktober 2002 (BGBl. I S. 3866, ber. BGBl. 2003 I S. 61), zuletzt geändert durch Gesetz zur Stärkung der Teilhabe und Selbstbestimmung von Menschen mit Behinderungen (Bundesteilhabegesetz-BTHG) vom 23.12.2016 (BGBl. I S. 3234).

Bewertungsgesetz (BewG) in der Fassung der Bekanntmachung vom 01. Februar 1991 (BGBl. I S. 230), zuletzt geändert durch Gesetz zur Anpassung des Erbschaftsteuer- und Schenkungsteuergesetzes an die Rechtsprechung des Bundesverfassungsgerichts vom 04.11.2016 (BGBl. I S. 2464).

Bürgerliches Gesetzbuch (BGB) in der Fassung der Bekanntmachung vom 02. Januar 2002 (BGBl. I S. 42, ber. S. 2909, 2003 S. 738), zuletzt geändert durch Gesetz zur Ergänzung des Finanzdienstleistungsaufsichtsrechts im Bereich der Maßnahmen bei Gefahren für die Stabilität des Finanzsystems und zur Änderung der Umsetzung der Wohnimmobilienkreditrichtlinie (Finanzaufsichtsrechtergänzungsgesetz) vom 06. Juni 2017 (BGBl. I S. 1495).

Einkommensteuergesetz (EStG) in der Fassung der Bekanntmachung vom 08. Oktober 2009 (BGBl. I S. 3366, ber. I 2009 S. 3862), zuletzt geändert durch Gesetz zum Erlass und zur Änderung marktordnungsrechtlicher Vorschriften sowie zur Änderung des Einkommensteuergesetzes vom 20.12.2016 (BGBl. I S. 3045) und Drittes Gesetz zur Stärkung der pflegerischen Versorgung und zur Änderung weiterer Vorschriften (Drittes Pflegestärkungsgesetz – PSG III) vom 23.12.2016 (BGBl. I S. 3191).

Einkommensteuer-Durchführungsverordnung 2000 (EStDV 2000) in der Fassung der Bekanntmachung vom 10. Mai 2000 (BGBl. I S. 717), zuletzt geändert durch Gesetz zur Stärkung der Teilhabe und Selbstbestimmung von Menschen mit Behinderungen (Bundesteilhabegesetz – BTHG) vom 23.12.2016 (BGBl. I S. 3234).

Gesetz zur Umsetzung der Amtshilferichtlinie sowie zur Änderung steuerlicher Vorschriften (Amtshilferichtlinie-Umsetzungsgesetz - AmtshilfeRLUmsG) in der Fassung der Bekanntmachung vom 26.06.2013 (BGBl. I S.1809, BGBl. II S. 1120).

II. Gesetzesmaterialien

Entwurf eines Unternehmensteuerreformgesetzes 2008 vom 27. März 2007, BT-Drucksache 16/4841.

Entwurf eines Gesetzes zur Umsetzung der Protokollerklärung zum Gesetz zur Anpassung der Abgabenordnung an den Zollkodex der Union und zur Änderung weiterer steuerlicher Vorschriften vom 13. Mai 2015, BT-Drucksache 18/4902.

Entwurf eines Gesetzes zur Umsetzung der Protokollerklärung zum Gesetz zur Anpassung der Abgabenordnung an den Zollkodex der Union und zur Änderung weiterer steuerlicher Vorschriften vom 23. September 2015, BT-Drucksache 18/6094.

Entwurf eines Gesetzes zur Umsetzung der Protokollerklärung zum Gesetz zur Anpassung der Abgabenordnung an den Zollkodex der Union und zur Änderung weiterer steuerlicher Vorschriften vom 25. September 2015, BR-Drucksache 418/15.

Steueränderungsgesetz 2015 vom 02. November 2015, BGBl. I 2015, S. 1834.